ALBUMS Quelle Histoire!

Le Dinosaure

casterman

Sommaire

Introduction

Imagine que tu te trouves en Chine, dans la province du Sichuan, il y a plusieurs millions d'années. Tu es entouré de forêts et de marécages au climat chaud et humide. Les cris et sons émis par les dinosaures, qui avancent pesamment dans le paysage, déchirent le silence. C'est dans cet environnement qu'est venu au monde un bébé *Mamenchisaurus*. S'il parvient à l'âge adulte, il deviendra un colosse de 25 mètres de longueur.
Mais d'innombrables dangers le guettent dès sa naissance.
Que lui réserve la vie ? L'histoire relatée dans ce livre est celle d'un voyage. Non pas un périple qui mène d'un lieu à un autre, mais un voyage dans le temps. En tournant la page, la date change de quelques jours, quelques années ou millions d'années. Avec chaque date – ou étape de ton voyage – s'ouvre un nouveau chapitre de l'histoire du dinosaure : ses premiers jours dans le nid aménagé par sa mère, sa rencontre avec une meute de carnivores, le voyage vers des terres plus chaudes avec sa propre jeune famille, sa mort et son ensevelissement au fond d'une rivière, sa fossilisation et la découverte des restes de sa dépouille – voici son aventure complète.

Cherche ce petit animal. Il a vécu en Chine à la même époque que le *Mamenchisaurus*. Il apparaît – sous une forme ou sous une autre – dans toutes les illustrations.

Utilise les onglets pour voyager dans le temps ! Trouve la page que tu souhaites regarder et tourne-la. Tu pourras ainsi comparer rapidement les scènes, même si elles évoquent des événements distants de plusieurs années. Une petite flèche noire pointe la date de la scène illustrée sur la page.

En Chine, voici 160 millions d'années

Au milieu de la matinée, il fait déjà chaud et humide. Des dinosaures appartenant à différentes espèces se promènent. Ils poussent force grognements et rugissements en cherchant leur nourriture. Deux *Tuojiangosaurus*, des dinosaures avec des plaques ressemblant à des épines le long du dos, dévorent des fougères, tandis qu'un *Shunosaurus* mange les feuilles d'un arbre en agitant sa queue qui se termine par une véritable massue.

Dinosaures en Chine

Pendant 150 millions d'années, les dinosaures ont peuplé la terre entière. Mais, depuis quelques années, c'est en Chine que les découvertes les plus spectaculaires ont été faites. Les scientifiques y ont exhumé quantité de restes, la plupart datant du milieu de l'ère jurassique (160 millions d'années). Les dinosaures présentés ci-contre, spécifiques à la Chine, sont cependant proches d'espèces connues ailleurs dans le monde : *Tuojiangosaurus* est un stégosaure primitif, tandis que *Mamenchisaurus* rappelle le brachiosaure et le diplodocus.

Une troupe de petits *Xiaosaurus* s'enfuit à l'approche des *Yangchuanosaurus* carnivores. Mais deux *Mamenchisaurus* géants tiennent bon. Cette fois-ci, les prédateurs doivent renoncer à attaquer.

On a découvert des bébés dinosaures dans des œufs fossiles.

Quelques semaines plus tard...

Les femelles *Mamenchisaurus* se rassemblent pour pondre leurs œufs dans des nids proches les uns des autres. Pour aménager les nids, elles recouvrent les œufs avec de la terre raclée à l'aide de leurs dents. Les dinosaures surveillent étroitement le produit de la ponte.

Lorsqu'une bande de petits reptiles, rapides à la course et mangeurs d'œufs, attaque les nids, une *Mamenchisaurus* balance sa tête vers le sol pour les chasser rageusement. Mais ces prédateurs ont le temps d'attraper quelques œufs.

Les œufs de dinosaure

Comme bien d'autres reptiles et tous les oiseaux actuels, les dinosaures femelles pondent des œufs. Pourvus d'une coquille dure, les œufs sont souvent déposés dans des nids faits en creusant un trou en forme de bol dans la terre ou le sable. Pour assurer une plus grande protection, certains dinosaures comme les protocératops mettent leurs couvées en commun dans des « colonies » de nichées.

160 millio

5 semain

éjà
ent
t le nid.
ables
sont
e nid.

Quelques mois après...

L'œuf s'est brisé, le jeune *Mamenchisaurus* est né. Comparés à leurs parents, qui mesurent jusqu'à 25 mètres de longueur, les nouveau-nés semblent minuscules – 40 centimètres environ peu après la naissance. Mais leur régime alimentaire à base de fougères et autres plantes favorise une croissance rapide. Fort attentionnés, les parents arrachent des fougères grâce à leur denture en forme de peigne.
Puis ils commencent à les mastiquer avant de les transmettre aux bébés dinosaures dont les dents sont encore petites.
Après quelques mois passés bien à l'abri du nid, les nouveau-nés sont déjà audacieux. Nous allons suivre les aventures de l'un d'entre eux que nous avons baptisé Mamenchi (au fil des pages, on le reconnaîtra à la couleur jaune de son cou). D'un bond habile, son frère se propulse loin d'un dinosaure adulte qui n'a pas remarqué sa présence et a bien failli l'écraser en marchant !
Malgré les soins de leurs parents, beaucoup de petits, trop vulnérables, seront la proie des dinosaures carnivores et ne parviendront pas à l'âge adulte. Les jeunes doivent rester sur leurs gardes en permanence. Mais dès qu'ils atteignent deux mètres de longueur environ, les voilà prêts à s'aventurer plus loin que d'habitude.

saures
archent
ambes
comme
es.
ptiles,
ard
npent,
es.

Se nourrir de plantes

Mamenchisaurus se range parmi les sauropodes, grands dinosaures herbivores pourvus d'une queue et d'un cou de longue taille et d'une petite tête. Grâce à leur immense cou, ils mangent aussi bien les feuilles des arbres de grande hauteur que les végétaux poussant à ras du sol ou dans l'eau. Les sauropodes consomment une tonne de plantes par jour ! Pourvus d'une seule rangée de fines dents et incapables de mastiquer leur nourriture, comment réussissent-ils à manger autant ? Ils avalent des petites pierres rondes (ou stomatolithes) qui les aident à broyer leur nourriture et à la réduire en une pâte épaisse dans le gésier (partie de leur estomac). Ils accélèrent ainsi la digestion !

Cinq ans plus tard...

Par une belle journée, Mamenchi et sa famille se régalent de fougères arborescentes et de feuilles de cycas à la lisière de la forêt. Ils utilisent leur cou immense (jusqu'à 15 mètres de longueur !) pour atteindre le sommet des arbres, là où se trouvent les pousses les plus tendres.

Adultes et jeunes se dressent sur leurs pattes postérieures pour gagner quelques mètres de hauteur supplémentaires.

Pendant que les dinosaures se concentrent sur leur repas, l'un d'entre eux monte la garde, attentif contre les prédateurs qui chassent en meute. Son appétit satisfait, Mamenchi se désaltère, puis s'accorde un grand bain de poussière en se roulant sur le sol.

160 millions d'années

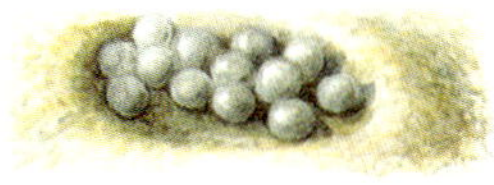
5 semaines plus tard

Quelques mois après

5 ans plus tard

Quelques espèces de dinosaures herbivores sont équipées de sérieuses défenses. Lancées contre leurs assaillants, les pointes ou la massue au bout de leur queue sont des armes redoutables.

Quelques minutes plus tard...

Soudain, une petite meute de *Yangchuanosaurus* particulièrement agressifs fait irruption. Le vigile émet un avertissement qui n'empêche pas les prédateurs de se précipiter, toutes griffes dehors, sur le troupeau de *Mamenchisaurus*. Les jeunes et petits dinosaures sont leurs victimes désignées. Mais il est impossible de les atteindre sans attaquer auparavant les adultes. Les parents de Mamenchi se dressent sur leurs pattes postérieures et s'écrasent sur leurs assaillants. Avec une force surprenante, ils lancent aussi à la tête de leurs ennemis leur queue qui claque comme un fouet. Alors que le combat fait rage dans un nuage de poussière, Mamenchi s'échappe sain et sauf.

Se nourrir de viande

Yangchuanosaurus est un théropode, nom donné à tous les dinosaures carnivores. Les théropodes courent sur leurs deux pattes postérieures musclées. Certains, comme le *Tyrannosaurus rex*, sont des géants longs de 12 mètres. Parmi les plus petits, le *Compsognathus* mesure 60 centimètes et ne pèse guère plus qu'un poulet.
Un groupe de petits théropodes, portant peut-être des plumes, est probablement l'ancêtre des oiseaux. Un grand carnivore tue et mange les charognes tout seul. Il se jette sur sa victime et la transperce de ses dents aiguisées comme des poignards. Les petits prédateurs chassent en meute, ce qui leur permet d'abattre des dinosaures beaucoup plus gros qu'eux.

160 millions d'années

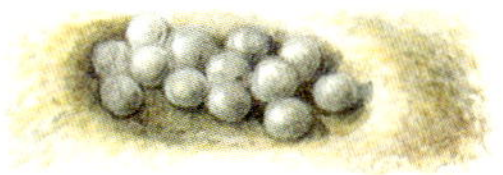

5 semaines plus tard

Quelques mois après

5 ans plus tard

10 minutes plus tard

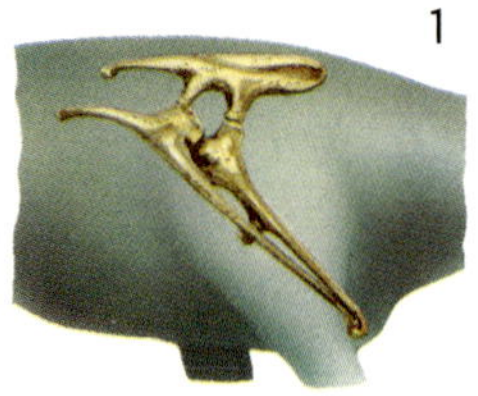

1

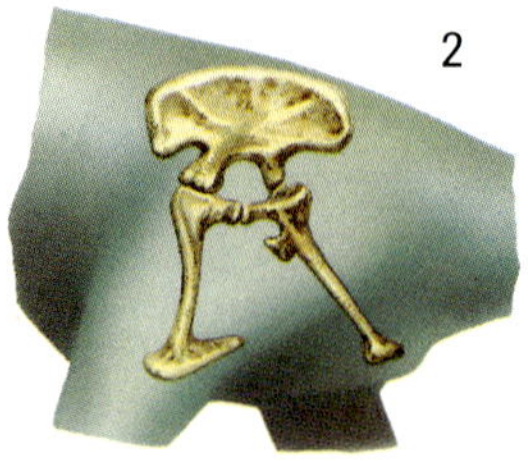

2

Il existe deux groupes de dinosaures : les ornithischiens, dont le pubis est tourné vers l'arrière (1), et les saurischiens, dont cet os est tourné vers l'avant (2). *Mamenchisaurus* est un saurischien.

Quelques années plus tard...

Mamenchi est devenu un adulte. Il possède sa propre famille, rattachée à un troupeau beaucoup plus vaste de dinosaures. Ceux-ci restent ensemble afin de se protéger des prédateurs. Chassé par l'arrivée de l'hiver et la disparition de la végétation, le troupeau se dirige vers de riches forêts et marécages situés à des centaines de kilomètres au sud. Les longues journées d'hiver et les températures basses donnent aux dinosaures le signal du départ. Car ces reptiles ne peuvent survivre dans un climat froid.

Troupeau de *Mamenchisaurus*

Tuojiangosaurus (stégosaure)

Pendant la migration, les jeunes marchent au centre du troupeau tandis que quelques adultes observent les alentours. Ils savent que les prédateurs accompagneront le troupeau au cours de sa marche, à l'affût des retardataires.

Les troupeaux de dinosaures

Comme certains herbivores actuels, la plupart des dinosaures herbivores se rassemblaient en troupeaux. Parmi les fossiles mis au jour, certains appartiennent aux membres d'un même groupe de dinosaures, jeunes et vieux, qui ont vécu et sont morts ensemble. En faisant partie d'un troupeau, l'individu s'assure une protection supplémentaire due à la force du nombre. Certains mâles du troupeau s'affrontent pour devenir le chef. Un groupe bien discipliné avec un chef puissant accroît ses chances de succès en cas d'attaque.

160 millions d'années

5 semaines plus tard

Quelques mois après

5 ans plus tard

10 minutes plus tard

Après quelques années

Les fossiles fournissent de nombreuses informations sur la vie et la mort des animaux disparus. En 1971, en Mongolie, on a découvert un très curieux fossile appartenant à deux dinosaures emprisonnés dans un combat à mort. *Velociraptor*, petit prédateur à deux pattes, tient la tête de *Protoceratops* tandis que ses serres en forme de crochet s'apprêtent à entailler le ventre de sa malheureuse victime.

Une crue subite

Même les plus grands des dinosaures s'inclinent devant les forces déchaînées de la nature. Les pluies violentes et soudaines provoquent des crues subites. Lorsque l'eau dévale un lit de rivière habituellement presque à sec, elle emporte tout sur son passage.

Quelques semaines plus tard…

Au cours de son voyage vers le sud, le troupeau franchit un ravin. Lors de la traversée, Mamenchi et les autres sont surpris par une crue subite. L'eau, d'abord peu profonde et calme, se transforme brutalement en un torrent tumultueux au débit très rapide.

Certains dinosaures parviennent à conserver leurs appuis et à se hisser sur l'autre rive. Mais Mamenchi est resté dans l'eau pour aider des membres de sa famille à gagner la terre ferme. Après avoir perdu pied, il est emporté par la force du courant…

160 millions d'années

5 semaines plus tard

Quelques mois après

5 ans plus tard

10 minutes plus tard

Après quelques années

2 semaines plus tard

Les paléontologues ont longtemps soupçonné que les oiseaux descendaient des dinosaures. Les théropodes comme *Compsognathus* *(ci-dessus)* et le *Sinosauropteryx* à plumes présentent de nombreux points communs avec les oiseaux.

Archæopteryx, qui a la taille d'un corbeau, est le premier fossile qui relie les oiseaux aux dinosaures. Les fossiles chinois comme *Caudipteryx* (un « oiseau » qui ne vole pas), *Protarchæopteryx* et *Confuciornis* indiquent que les oiseaux sont des dinosaures vivants.

Dix ans après...

Mamenchi n'a pas échappé à la crue. Le dinosaure géant s'est rapidement noyé. Son corps s'est couché au fond de la rivière où la boue et le limon charriés par le torrent impétueux l'ont immédiatement recouvert. Bientôt, le flot s'est apaisé. Des mois plus tard, toutes les parties souples du corps du dinosaure, la peau, la chair et les organes, se sont décomposées contrairement aux dents et aux os, les parties dures. Les os sont si lourds qu'aucun courant ne peut les déplacer. Alors que les restes de Mamenchi reposent

sous le lit de la rivière, la vie continue. Tandis que les dinosaures viennent au bord du cours d'eau pour s'abreuver, les ptérosaures (reptiles volants) volent au-dessus de l'eau à la recherche d'un poisson à pêcher. Dans le flot, des poissons et des tortues s'approchent de leurs proies.

Conserver dans la pierre (1)

Un dinosaure qui disparaît comme Mamenchi, voilà une véritable chance pour les scientifiques d'aujourd'hui ! Les conditions sont parfaitement réunies pour la formation d'un fossile. Lorsqu'un être vivant est rapidement recouvert par des sédiments (sable, gravier, couches de boue et autres morceaux de roche compressés), l'oxygène ne l'atteint plus. Cela signifie que les bactéries qui causent la décomposition ne survivent pas. Les os de la créature se conservent alors suffisamment longtemps pour que le processus de fossilisation puisse commencer.

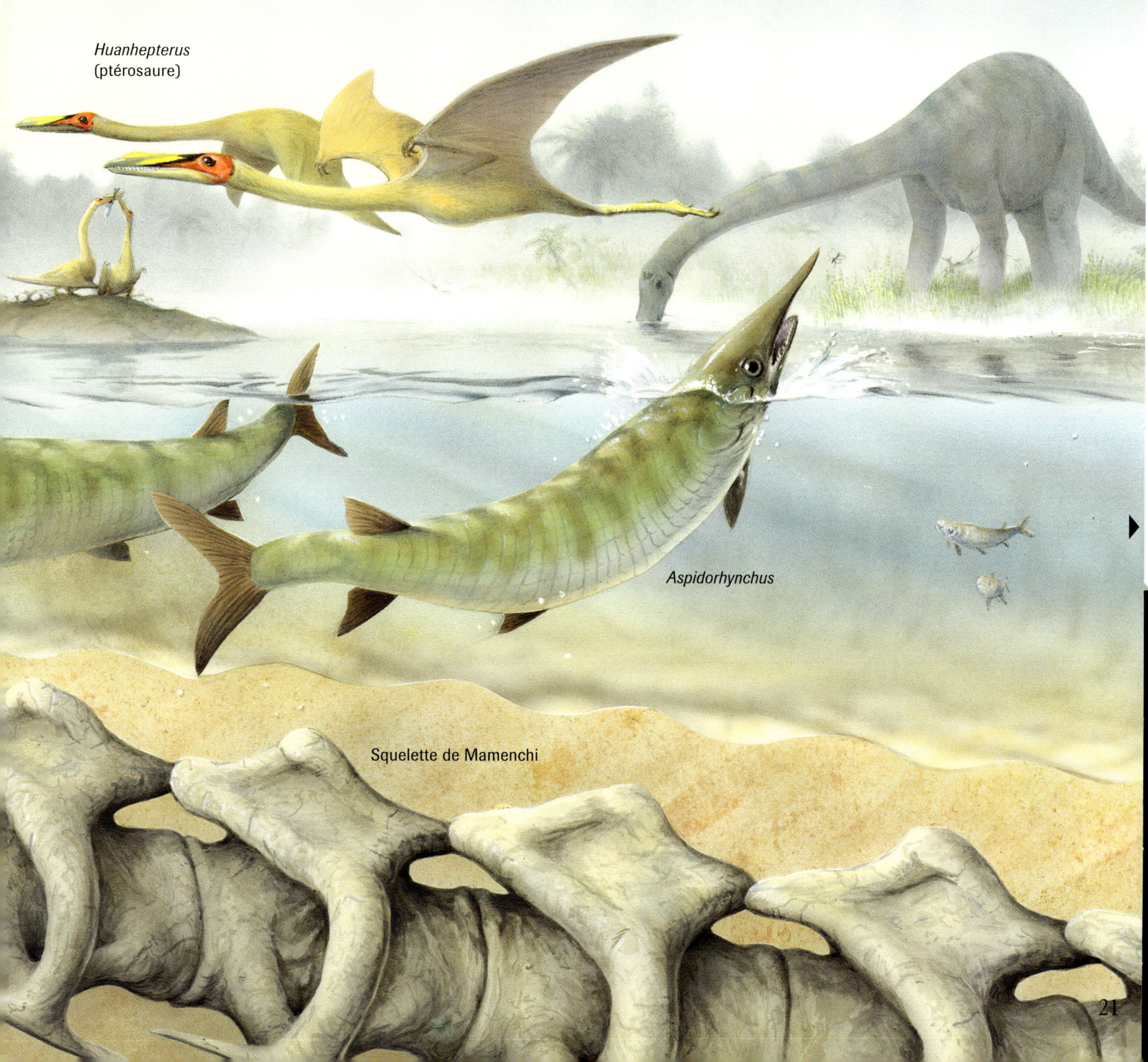

160 millions d'années

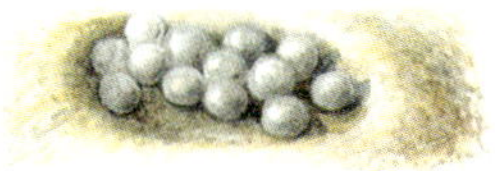
5 semaines plus tard

Quelques mois après

5 ans plus tard

10 minutes plus tard

Après quelques années

2 semaines plus tard

10 ans après

Tous les dinosaures se sont éteints à la fin du crétacé, voici 65 millions d'années. Leur disparition fut très brutale. Les scientifiques pensent qu'elle fut causée soit par la chute d'un immense astéroïde qui s'écrasa sur terre *(ci-dessus)*, soit par une gigantesque éruption volcanique *(ci-dessous)*. Les deux catastrophes auraient rempli l'atmosphère de poussière et caché le soleil pendant des années.

Des millions d'années plus tard...

Les restes de Mamenchi se sont transformés en pierre. Au cours du temps, de plus en plus de sédiments se sont déposés au fond de la rivière. Progressivement, les petits morceaux de roche pressés les uns contre les autres ont formé de nouvelles roches. Au fil des millions d'années, des couches de sédiments et d'autres restes d'animaux se sont accumulés.

160 millions d'années

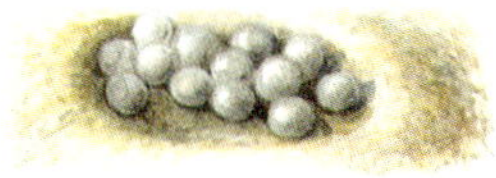
5 semaines plus tard

Quelques mois après

5 ans plus tard

10 minutes plus tard

Après quelques années

2 semaines plus tard

10 ans après

Vers 18000 avant J.-C.

À présent, nous sommes à la période glaciaire, une époque de l'histoire de la Terre où les hivers sont interminables et très rigoureux. Les mammouths et rhinocéros laineux (et les hommes qui les chassent) peuplent désormais les plaines herbeuses.

Conserver dans la pierre (2)

Pendant que les sédiments qui reposent au-dessus d'un squelette se transforment en roche, l'eau et les minéraux qui s'y dissolvent pénètrent dans les pores (petits trous) des os. Peu à peu, la matière osseuse est complètement remplacée par les minéraux. Tout en devenant partie intégrante de la roche environnante, elle conserve la forme exacte des os d'origine.

Vingt mille ans plus tard...

Au cours de l'ère des dinosaures, qui couvre 165 millions d'années, la Terre a changé. Les continents se sont déplacés à la surface du globe. L'écorce terrestre est divisée en grandes plaques, appelées plaques tectoniques, qui glissent lentement et dont les bords se rencontrent. À l'époque jurassique (à laquelle vivait *Mamenchisaurus*), les continents étaient groupés *(ci-dessus)*. Au crétacé, ils ont dérivé et se sont séparés *(ci-dessous)*. Ils ont presque rejoint leur position actuelle.

Le froid terrible de la période glaciaire est terminé. Les mammouths se sont éteints depuis longtemps. Désormais, ce sont les hommes qui gouvernent la Terre. À l'endroit exact où Mamenchi est tombé il y a des millions d'années, les couches supérieures de terre et de roche se sont effritées. Deux enfants qui jouent à proximité remarquent sur le sol quelque chose qui ressemble à un squelette d'animal…

Conserver dans la pierre (3)

Pendant des millions d'années, de l'ère des dinosaures à nos jours, de multiples couches de sédiments se sont accumulées. Les choses vivantes ont été fossilisées dans les roches contemporaines. En étudiant une coupe de ces roches, on peut retracer la vie lors de la préhistoire. Au cours des âges, en de nombreux endroits, les mouvements de la Terre ont poussé et écrasé certaines couches de roches et ont fait remonter des fossiles à la surface. Les plus courants sont les ammonites, des mollusques à la coquille cloisonnée.

160 millions d'années

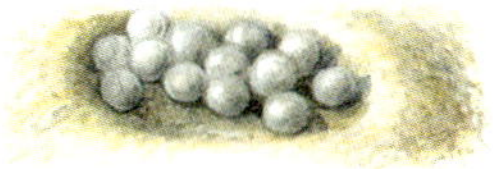
5 semaines plus tard

Quelques mois après

5 ans plus tard

10 minutes plus tard

Après quelques années

2 semaines plus tard

10 ans après

Vers 18000 avant J.-C.

Vers 1980

Les paléontologues utilisent divers outils pour dégager les fossiles de la roche environnante, ou matrice, dont des marteaux, des pioches, des foreuses, des aiguilles et des brosses.

Sue est un fossile de *Tyrannosaurus rex* presque complet découvert en 1990. Son crâne, marqué de cicatrices et légèrement écrasé, mesure 1,50 mètre de long et pèse 340 kg.

Les os et les dents ne sont pas les seuls fossiles retrouvés. Les empreintes sont des exemples de traces de pas fossiles. Elles indiquent la taille, le poids et la vitesse d'un dinosaure.

Quelques mois plus tard...

Les enfants sont rentrés précipitamment à la maison pour relater leur étrange découverte à leurs parents. Aussitôt, les scientifiques du muséum d'Histoire naturelle ont été prévenus. Les experts envoyés sur le terrain sont transportés d'enthousiasme à la vue du fossile : un rare exemple de squelette complet de *Mamenchisaurus* !
Ils organisent aussitôt des fouilles.
À présent, une équipe de scientifiques spécialisés dans l'étude des fossiles, ou paléontologues, creuse avec précaution la roche autour du crâne repéré par les enfants. À l'aide de pioches, de truelles, de fines lames, de petits marteaux et même de brosses à dents, ils retirent la roche qui entoure le squelette fossilisé. Les paléontologues dénombrent tous les os, notent leur position exacte, les dessinent et les photographient.
Ces informations seront précieuses pour le travail de reconstitution du squelette.
Si les os sont très fragiles, ce qui est souvent le cas, il faut faire très attention afin d'éviter de les endommager. On les recouvre parfois d'une fine couche de résine, une substance collante qui va les empêcher de tomber en poussière. Ensuite, les chercheurs déposent soigneusement les os dans des sacs rembourrés de mousse de plastique afin de les envoyer au laboratoire, puis au musée qui les exposera.

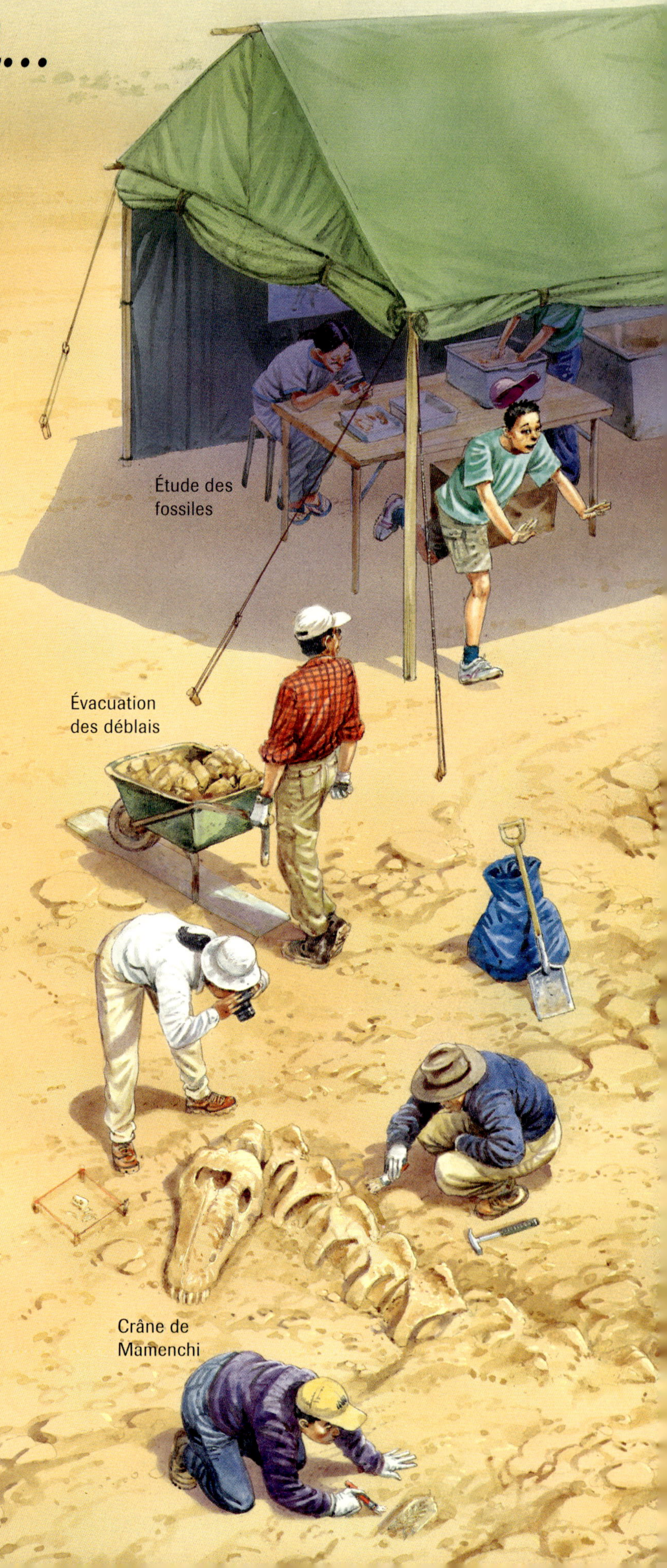

160 millions d'années

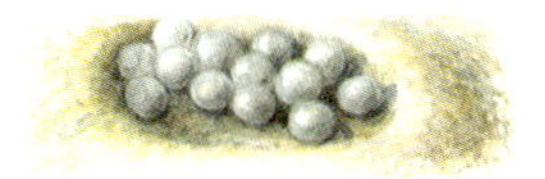
5 semaines plus tard

Quelques mois après

5 ans plus tard

10 minutes plus tard

Après quelques années

2 semaines plus tard

10 ans après

Vers 18000 avant J.-C.

Vers 1980

Quelques mois après

Il a existé des centaines de sortes de dinosaures répartis dans le monde entier et qui ont vécu à des époques différentes. Visite le musée le plus proche pour voir les squelettes de quelques-uns d'entre eux.
Les illustrations ci-dessous proposent l'aspect qu'ils pouvaient avoir de leur vivant.

Parasaurolophus est coiffé d'une crête creuse pointée vers l'arrière. Elle servait de « haut-parleur » amplifiant les sons.

Le corps de *Saichania* était couvert d'épines et de plaques osseuses. Sa queue est terminée par une massue osseuse.

La curieuse tête d'*Oviraptor* évoque celle d'un perroquet.

Baryonyx attrapait du poisson avec ses puissantes griffes.

Aujourd'hui, six ans après...

Après avoir reposé paisiblement dans la roche qui lui a servi de tombe pendant plus de cent millions d'années, Mamenchi se dresse à nouveau fièrement sur ses quatre solides pattes. L'équipe du musée a achevé une longue et difficile tâche : remonter le squelette de Mamenchi. À l'aide de fils et de câbles d'acier, ils l'ont installé à la place d'honneur dans la salle d'exposition centrale du musée. Les visiteurs, venus de loin, se rassemblent pour admirer cette nouvelle merveille et s'étonnent de sa taille immense.

Des guides se proposent d'apporter davantage d'informations aux touristes sur le dinosaure et les autres animaux de son univers. Des classes viennent en visite avec leur professeur. Mais toi seul, ami lecteur, connais l'histoire complète de Mamenchi…

Le laboratoire du musée

L'équipe du laboratoire du musée prépare le fossile du dinosaure pour l'exposition. Le travail pour ôter les restes de roche se poursuit. Des outils comme des fraises de dentiste détachent les fragments les plus petits. Grâce à une étude approfondie des os, menée notamment à l'aide de scanners, les scientifiques déterminent par exemple de quoi se nourrissait le dinosaure et quel était son degré d'intelligence.

160 millions d'années

5 semaines plus tard

Quelques mois après

5 ans plus tard

10 minutes plus tard

Après quelques années

2 semaines plus tard

10 ans après

Vers 18000 avant J.-C.

Vers 1980

Quelques mois après

Aujourd'hui

Glossaire

Bactéries Micro-organismes constitués d'une unique cellule, visibles seulement à l'aide d'un microscope puissant. Ils ne font pas partie du règne végétal ou animal, mais ils ont leur propre règne. Les bactéries jouent un rôle essentiel dans le recyclage des substances nutritives dans la nature.

Dérive des continents C'est le mouvement des continents (les grandes étendues de terre du globe) autour de la Terre. L'écorce terrestre se compose de plaques tectoniques qui se déplacent constamment en se heurtant, en se repoussant ou en glissant les unes contre les autres, et qui entraînent avec elles les continents ou des parties de continents.

Dinosaures Reptiles qui ont vécu sur la terre au mésozoïque (entre il y a 250 et 65 millions d'années). Les dinosaures marchent dressés sur des pattes placées sous le corps comme les oiseaux et les mammifères actuels. Les reptiles volants et les reptiles marins ne sont pas des dinosaures.

Fossiles Ce sont les restes anciens et les traces de choses jadis vivantes généralement conservés dans la roche. Une chose vivante se fossilise lorsqu'elle est enfouie dans les sédiments et que les petits espaces compris entre ses parties dures se remplissent de minéraux qui durcissent avec le temps.

Matrice La roche dans laquelle un fossile est emprisonné.

Minéraux Substances chimiques naturelles qui ne sont ni des plantes ni des animaux. Les roches sont faites de minéraux. Les minéraux forment la matière solide la plus courante qui existe sur terre.

Ornithischiens Les dinosaures à « bassin d'oiseau » forment l'un des deux grands groupes de dinosaures (l'autre est le groupe des saurischiens). Les ornithischiens ont le pubis (os de la partie inférieure du bassin) qui pointe vers l'arrière.

Paléontologues Scientifiques qui étudient les fossiles.

Période glaciaire Une période froide de l'histoire de la Terre durant laquelle la glace s'étend à partir des pôles et des chaînes de montagnes et couvre de vastes étendues de terre. La période glaciaire a commencé il y a deux millions d'années et n'est peut-être pas encore terminée.

Plaques tectoniques Les grandes plaques qui divisent la surface de la Terre. Les plaques, au nombre de quinze, bougent les unes par rapport aux autres autour du globe.

Prédateur Animal qui se nourrit d'autres animaux.

Ptérosaures Reptiles volants qui ont vécu du trias à la fin du crétacé. Leurs ailes sont formées d'une membrane de peau qui relie le quatrième doigt à la partie inférieure du corps.

Saurischiens Les dinosaures « à bassin de lézard » constituent l'un des deux grands groupes de dinosaures (l'autre est le groupe des ornithischiens). Chez les saurischiens, le pubis (os de la partie inférieure du bassin) pointe vers l'avant.

Sauropodes Dinosaures herbivores au long cou et à quatre pattes. Ce sont les animaux terrestres les plus grands et les plus lourds de tous les temps.

Sédiments Fragments de roche érodée véhiculés par le vent, l'eau ou la glace et déposés ailleurs que dans leur milieu d'origine.

Théropodes Tous les dinosaures saurischiens carnivores.